Impressum
Verlag: BABADADA GmbH, Nedderfeld 112 , 22529 Hamburg
Geschäftsführer / Verlagsleitung: Harald Hof
Druck: Books on Demand GmbH, In de Tarpen 42, 22848 Norderstedt

Imprint
Publisher: BABADADA GmbH, Nedderfeld 112 , 22529 Hamburg, Germany
Managing Director / Publishing direction: Harald Hof
Print: Books on Demand GmbH, In de Tarpen 42, 22848 Norderstedt

school

школа

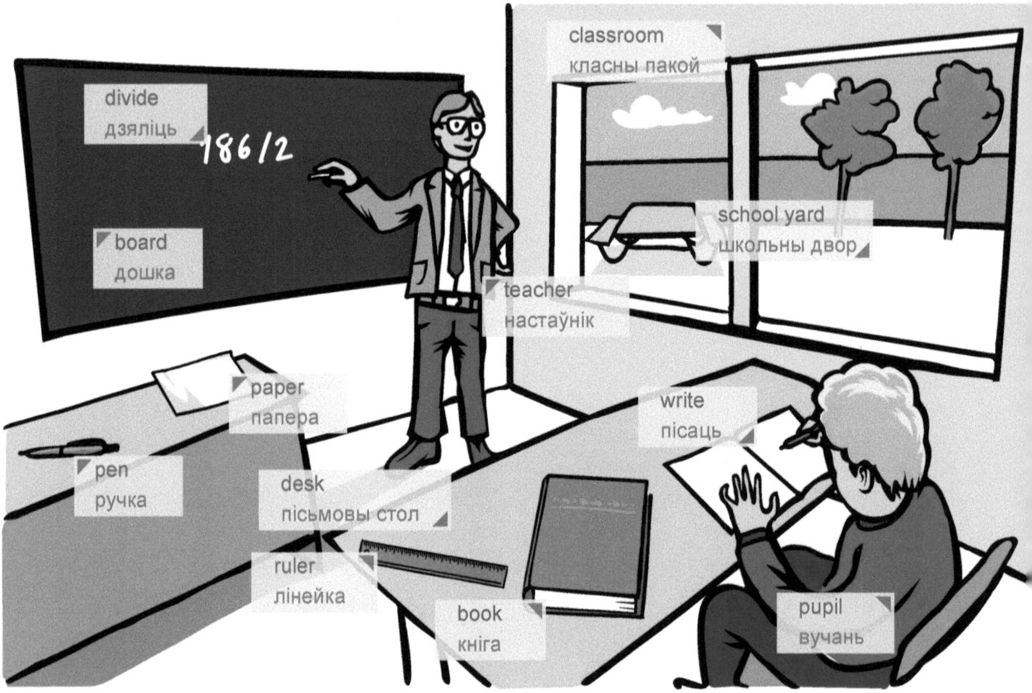

classroom
класны пакой
divide
дзяліць
186/2
board
дошка
school yard
школьны двор
teacher
настаўнік
paper
папера
write
пісаць
pen
ручка
desk
пісьмовы стол
ruler
лінейка
book
кніга
pupil
вучань

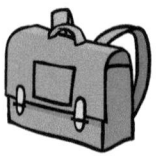

satchel

ранец

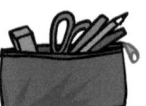

pencil case

пенал

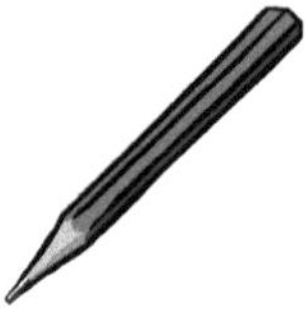

pencil

просты аловак

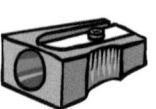

pencil sharpener

тачылка для алоўкаў

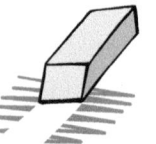

rubber

гумка

drawing pad

альбом для малявання

drawing

малюнак

paintbrush

пэндзлік

paint box

фарбы

scissors

нажніцы

glue

клей

exercise book

сшытак

homework

хатняе заданне

number

лік

add

дадаваць

subtract

адымаць

multiply

множыць

calculate

лічыць

letter

літара

alphabet

алфавіт

word

слова

text

тэкст

read

чытаць

chalk

крэйда

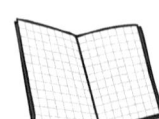

lesson

ўрок

register

класны журнал

exam

экзамен

certificate

атэстат

school uniform

школьная форма

education

адукацыя

encyclopedia

энцыклапедыя

university

універсітэт

microscope

мікраскоп

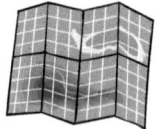

map

карта

waste-paper basket

смеццевы кошык

travel
падарожжа

hotel
гатэль
Grand
hostel
хостэл
ROOMS
CHANGE
bureau de change
абменны пункт
car
аўтамабіль

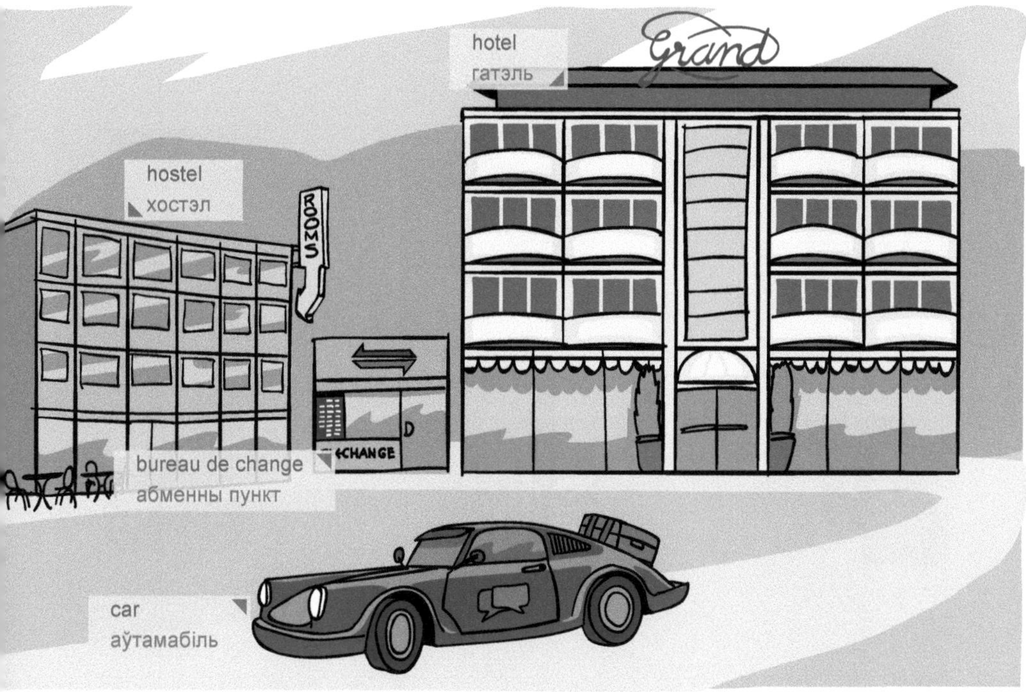

language

мова

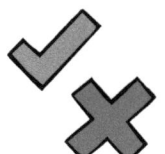

yes / no

так / не

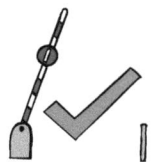

Okay

добра

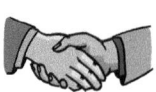

hello

прывітанне!

translator

перакладчык

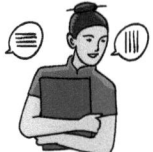

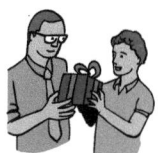

Thank you

дзякуй

how much is...?

Колькі каштуе....?

I do not understand

я не разумею

problem

праблема

Good evening!

Добры вечар!

Good morning!

Добрай раніцы!

Good night!

Дабранач!

bye bye

да пабачэння

direction

кірунак

luggage

багаж

bag

сумка

backpack

заплечнік

guest

госць

room

пакой

sleeping bag

спальны мяшок

tent

палатка

tourist information

нфармацыя для турыстаў

beach

пляж

credit card

крэдытная картка

breakfast

снеданне

lunch

абед

dinner

вячэра

ticket

праязны білет

lift

ліфт

stamp

паштовая марка

border

мяжа

customs

мытня

embassy

пасольства

visa

віза

passport

пашпарт

transport

транспарт

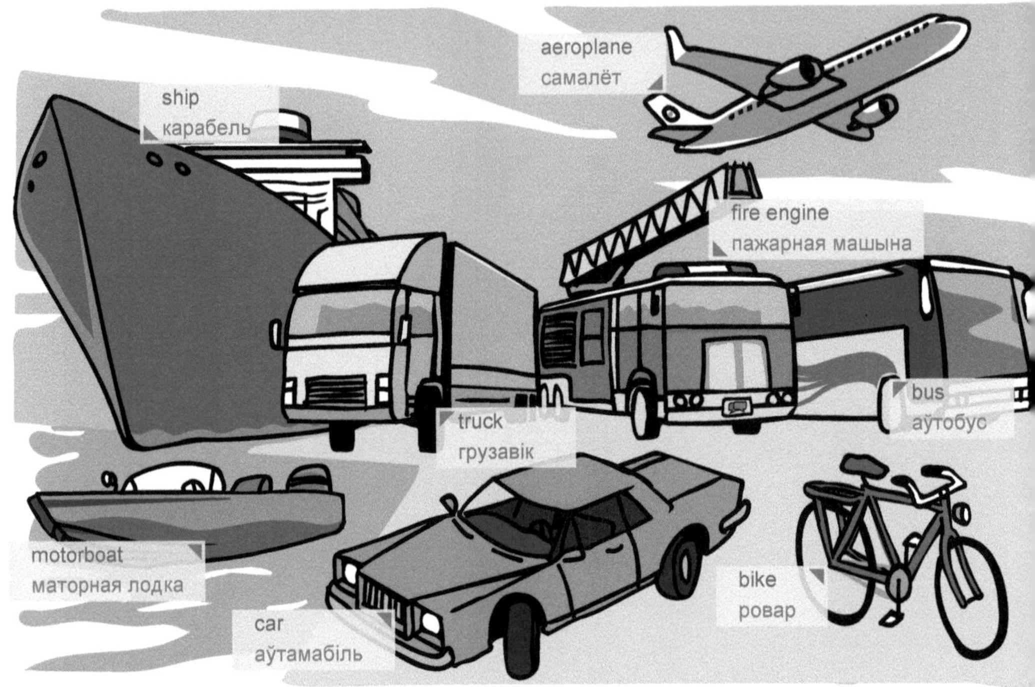
aeroplane
самалёт
ship
карабель
fire engine
пажарная машына
bus
аўтобус
truck
грузавік
motorboat
маторная лодка
bike
ровар
car
аўтамабіль

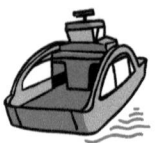

ferry

паром

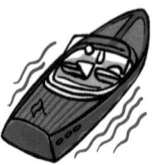

boat

лодка

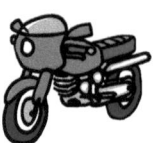

motorbike

матацыкл

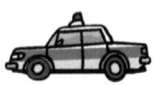

police car

паліцэйская машына

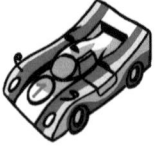

racing car

гоначны аўтамабіль

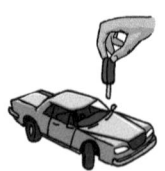

rental car

арэндаваны аўтамабіль

car sharing

сумеснае карыстанне
аўтамабілем

breakdown truck

эвакуатар

refuse truck

смеццявоз

motor

матор

fuel

паліва

petrol station

запраўка

traffic sign

дарожны знак

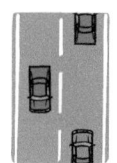

traffic

дарожны рух

traffic jam

затор

car park

паркоўка

train station

чыгуначная станцыя

tracks

рэйкі

train

цягнік

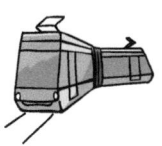

tram

трамвай

carriage

вагон

helicopter

верталёт

airport

аэрапорт

tower

вежа

passenger

пасажыр

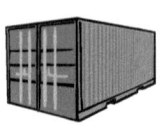

container

кантэйнер

carton

кардонная скрыня

cart

тачка

basket

карзіна

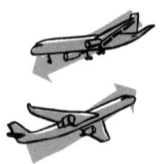

take off / land

ўзлятаць / прызямляцца

city

горад

village

вёска

city centre

цэнтр горада

house

дом

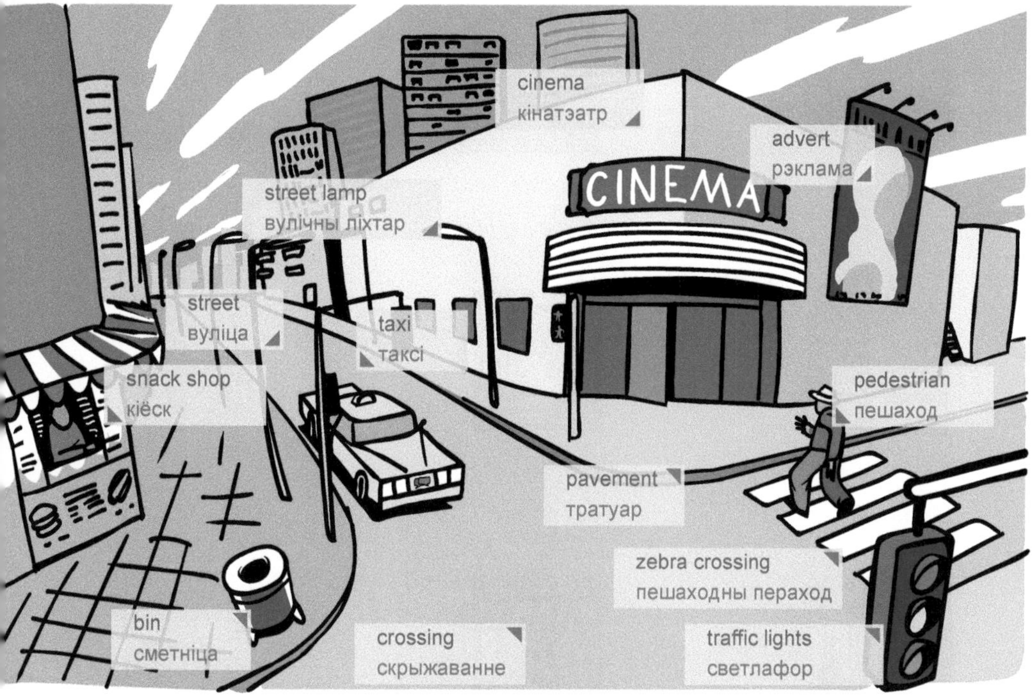

cinema
кінатэатр

advert
рэклама

street lamp
вулічны ліхтар

CINEMA

street
вуліца

taxi
таксі

snack shop
кіёск

pedestrian
пешаход

pavement
тратуар

zebra crossing
пешаходны пераход

bin
сметніца

crossing
скрыжаванне

traffic lights
святлафор

hut
халупа

flat
кватэра

train station
чыгуначная станцыя

town hall
ратуша

museum
музей

school
школа

university

універсітэт

bank

банк

hospital

шпіталь

hotel

гатэль

pharmacy

аптэка

office

офіс

book shop

кнігарня

shop

крама

florist's

кветкавая крама

supermarket

супермаркет

market

кірмаш

department store

універмаг

fishmonger's

рыбная крама

shopping centre

гандлевы цэнтр

harbour

порт

park

парк

bench

лава

bridge

мост

stairs

лесвіца

underground

метро

tunnel

тунэль

bus stop

прыпынак

bar

бар

restaurant

рэстаран

postbox

паштовая скрыня

street sign

вулічны паказальнік

parking meter

паркамат

zoo

заапарк

swimming pool

басейн

mosque

мячэць

farm

сядзіба

pollution

забруджванне навакольнага асяроддзя

graveyard

могілкі

church

царква

playground

пляцоўка для гульні

temple

храм

landscape

краявід

signpost
паказальнік

way
дарога

meadow
луг

stone
камень

tree
дрэва

hiker
падарожнік

river
рака

grass
трава

flower
кветка

valley

даліна

hill

гара

lake

возера

forest

лес

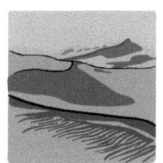

desert

пустыня

volcano

вулкан

castle

замак

rainbow

вясёлка

mushroom

грыб

palm tree

пальма

mosquito

камар

fly

муха

ant

мурашка

bee

пчала

spider

павук

beetle

жук

frog

жаба

squirrel

вавёрка

hedgehog

вожык

hare

заяц

owl

сава

bird

птушка

swan

лебедзь

boar

дзік

deer

алень

moose

лось

dam

плаціна

wind turbine

вятрак

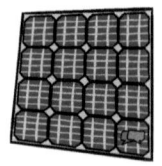

solar panel

сонечная батарэя

climate

клімат

restaurant
рэстаран

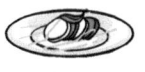

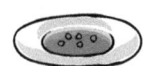

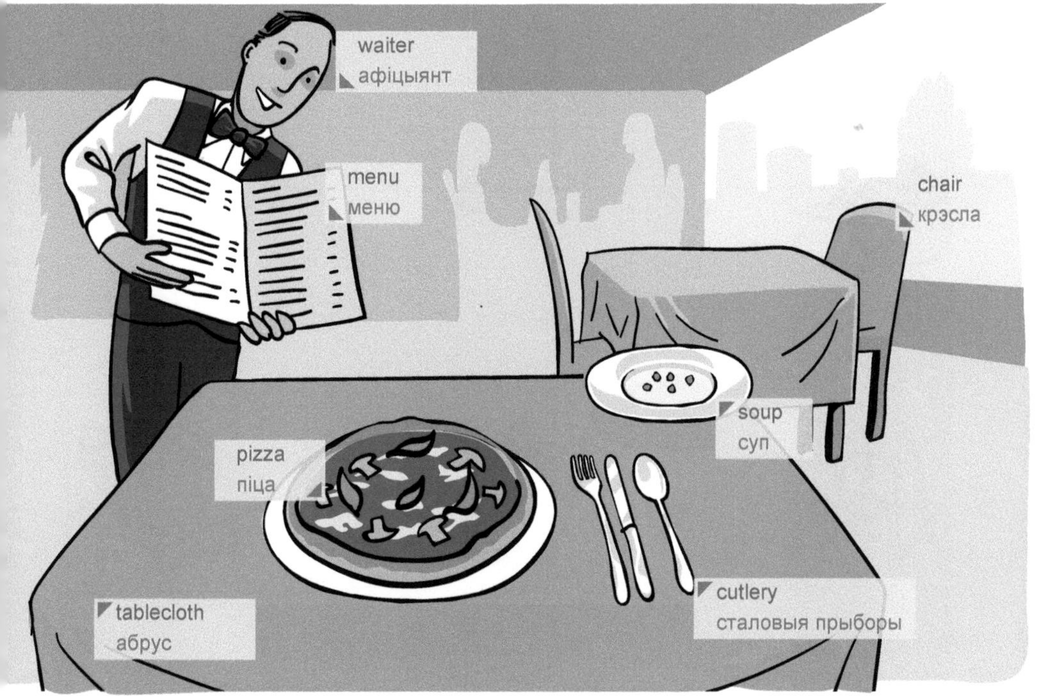
waiter
афіцыянт
menu
меню
chair
крэсла
soup
суп
pizza
піца
cutlery
сталовыя прыборы
tablecloth
абрус

starter
....
закуска

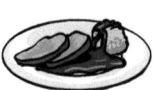

main course
....
другая страва

dessert
....
дэсерт

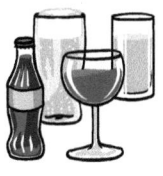

drinks
....
напоі

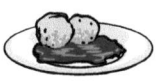

food
....
ежа

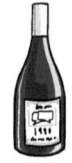

bottle
....
бутэлька

fast food

хуткае харчаванне (фаст-фуд)

street food

стрыт-фуд

teapot

імбрык (чайнік)

sugar bowl

цукарніца

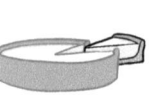

portion

порцыя

espresso machine

эспрэса-машына

high chair

дзіцячае крэселка

bill

рахунак

tray

паднос

knife

нож

fork

відэлец

spoon

лыжка

teaspoon

чайная лыжка

serviette

сурвэтка

glass

шклянка

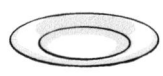

plate

талерка

soup plate

супавая талерка

saucer

сподак

sauce

соус

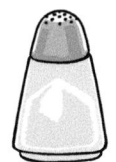

salt pot

сальніца

pepper mill

млынок для перцу

vinegar

воцат

oil

алей

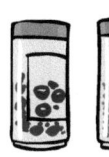

spices

спецыі

ketchup

кетчуп

mustard

гарчыца

mayonnaise

маянэз

supermarket
супермаркет

special offer
акцыя
FOR
customer
пакупнік
dairy
малочныя прадукты
fruit
садавіна
trolley
вазок

BUTCHERS

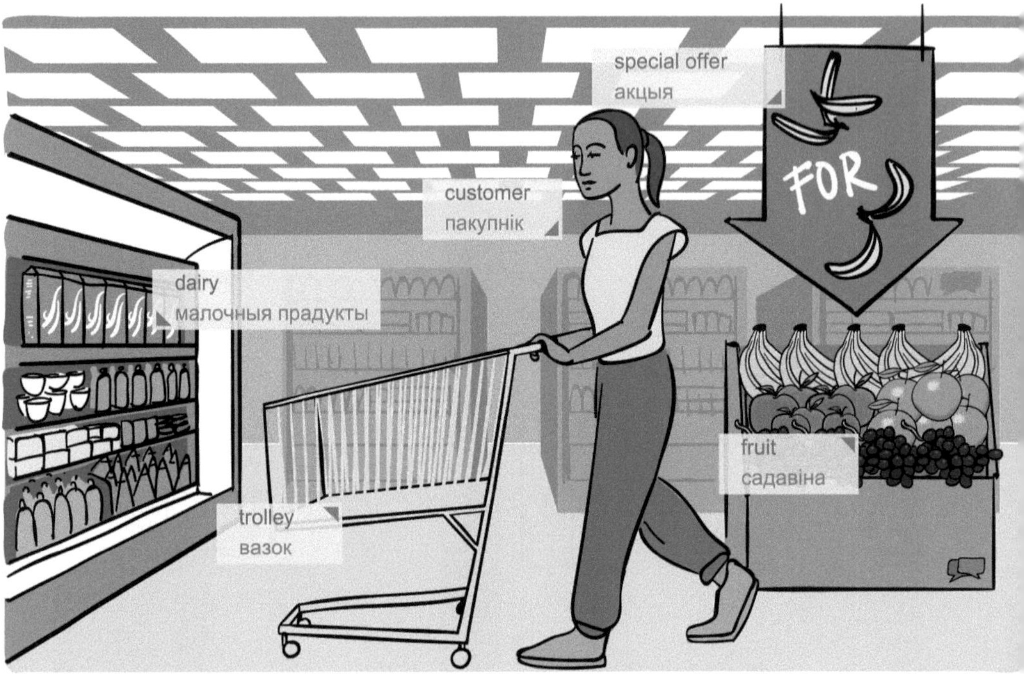

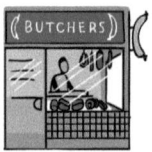

butcher´s

мясная крама

BAKERY

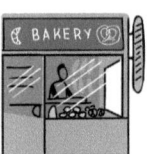

baker´s

хлебны магазін

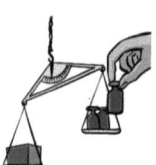

weigh

важыць

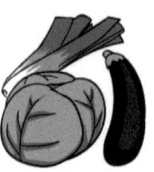

vegetables

гароднiна

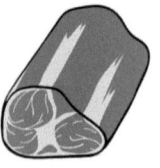

meat

мяса

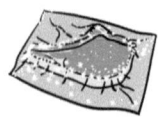

frozen food

свежазамарожаныя прадукты

cold meat

нарэзка

tinned food

кансервы

washing powder

пральны парашок

sweets

прысмакі

household products

хатнія прылады

cleaning products

чысцячы сродак

salesperson

прадавец

till

каса

cashier

касір

shopping list

спіс пакупак

opening hours

гадзіны працы

wallet

бумажнік

credit card

крэдытная картка

bag

сумка

plastic bag

пакет

supermarket - супермаркет

water
вада

juice
сок

milk
малако

coke
кола

wine
віно

beer
піва

alcohol
алкаголь

cocoa
какава

tea
гарбата (чай)

coffee
кава

espresso
эспрэса

cappuccino
капучына

banana

банан

apple

яблык

orange

апельсін

melon

дыня

lemon

лімон

carrot

морква

garlic

часнок

bamboo

бамбук

onion

цыбуля

mushroom

грыб

nuts

арэхі

noodles

локшына

spaghetti

спагеці

rice

рыс

salad

салата

chips

бульба фры

fried potatoes

смажаная бульба

pizza

піца

hamburger

гамбургер

sandwich

бутэрброд

cutlet

шніцаль

ham

вяндліна

salami

салямі

sausage

каўбаса

chicken

курыца

roast

смажаніна

fish

рыбак

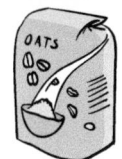

porridge oats

аўсяныя камякі

muesli

мюслі

cornflakes

кукурузныя шматкі

flour

мука

croissant

круасан

bread roll

булачка

bread

хлеб

toast

тост

biscuits

пячэнне

butter

масла

curd

тварог

cake

пірог

egg

яйка

fried egg

яечня

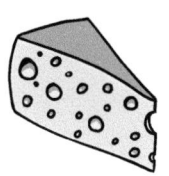

cheese

сыр

ice cream

марожанае

sugar

цукар

honey

мёд

jam

варэнне

chocolate spread

нуга

curry

кары

goat

каза

cow

карова

calf

цяля

pig

свіння

piglet

парася

bull

бык

goose

гусак

duck

качка

chick

кураня

hen

курыца

cock

певень

rat

пацук

cat

кот

mouse

мыш

ox

вол

dog

сабака

doghouse

сабачая будка

garden hose

садовы шланг

watering can

палівачка

scythe

каса

plough

плуг

farm - сядзіба

sickle

серп

hoe

матыка

pitchfork

вілы для гною

axe

сякера

wheelbarrow

тачка

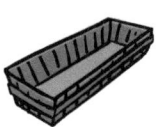

trough

карыта

milk can

бітон для малака

sack

мех

fence

плот

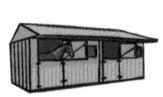

stable

хлеў

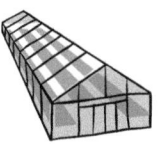

greenhouse

цяпліца

soil

глеба

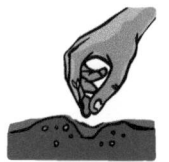

seed

насенне

fertilizer

угнаенне

combine harvester

камбайн

harvest

збіраць ураджай

harvest

ураджай

yams

ямс

wheat

пшаніца

soy

соя

potato

бульба

corn

кукуруза

rapeseed

рапс

fruit tree

садовае дрэва

cassava

маніёк

cereals

збожжа

house

дом

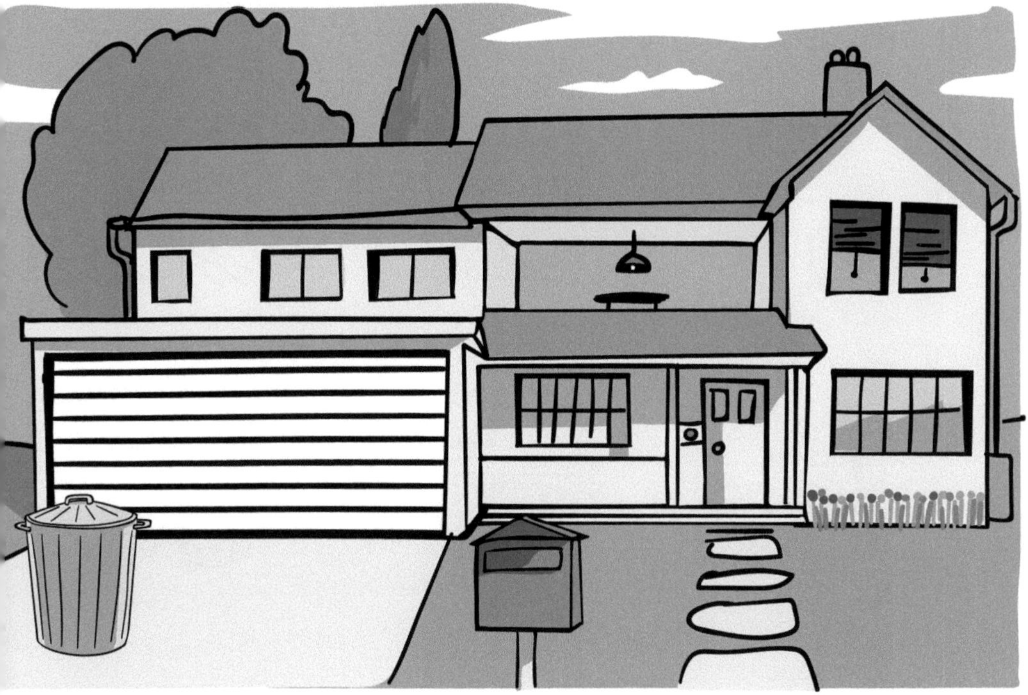

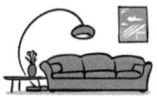

living room

жылы пакой

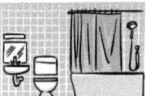

bathroom

ванная

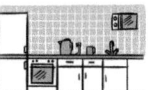

kitchen

кухня

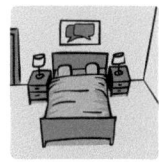

bedroom

спальны пакой

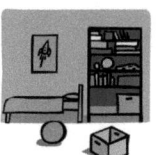

child's room

дзіцячы пакой

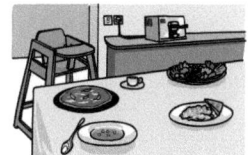

dining room

сталоўка

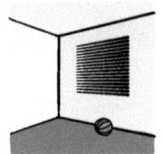

floor

падлога

wall

сцяна

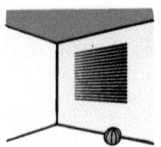

ceiling

столь

cellar

падвал

sauna

саўна

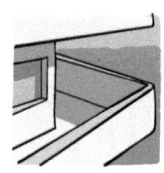

balcony

балкон

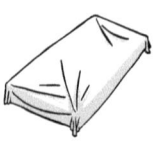

terrace

тэраса

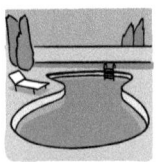

pool

басейн

lawn mower

касілка

sheet

падкоўдранік

bedspread

коўдра

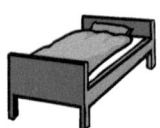

bed

ложак

broom

венік

bucket

вядро

switch

выключальнік

living room
жылы пакой

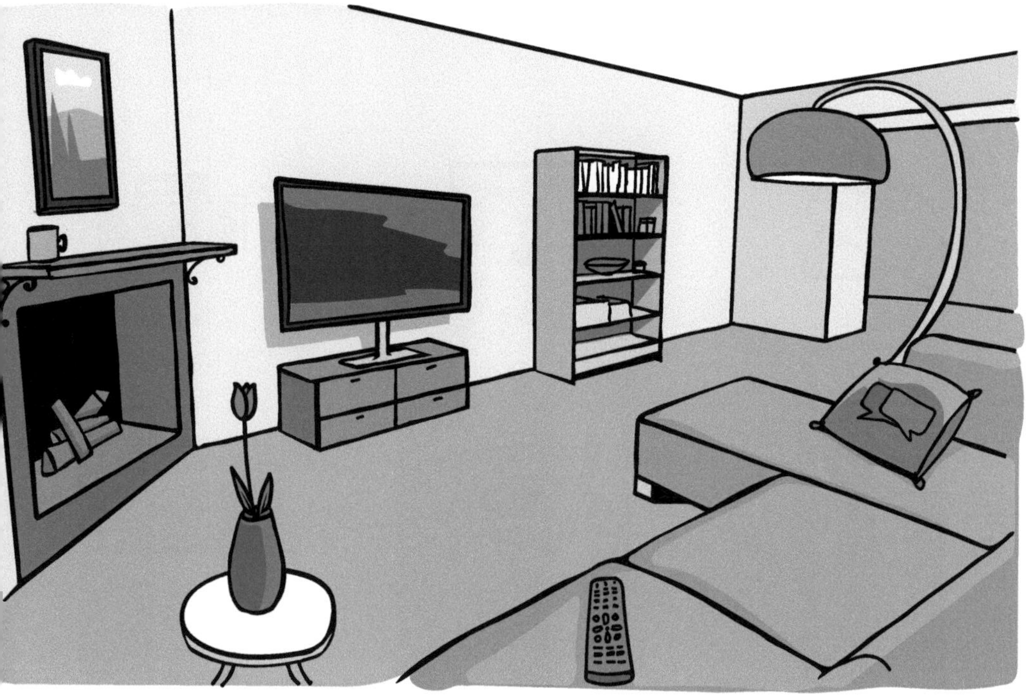

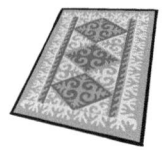

carpet

дыван

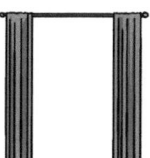

curtain

фіранка

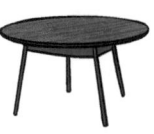

table

стол

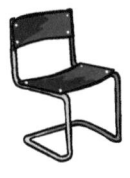

chair

крэсла

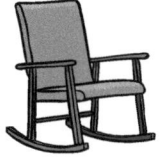

rocking chair

крэсла-качалка

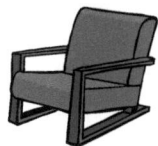

armchair

крэсла

book

кніга

blanket

коўдра

decoration

дэкарацыя

firewood

дровы

film

кіно

hi-fi equipment

стэрэасістэма

key

ключ

newspaper

газета

painting

карціна

poster

постар

radio

радыё

notepad

нататнік

hoover

пыласос

cactus

кактус

candle

свечка

kitchen
кухня

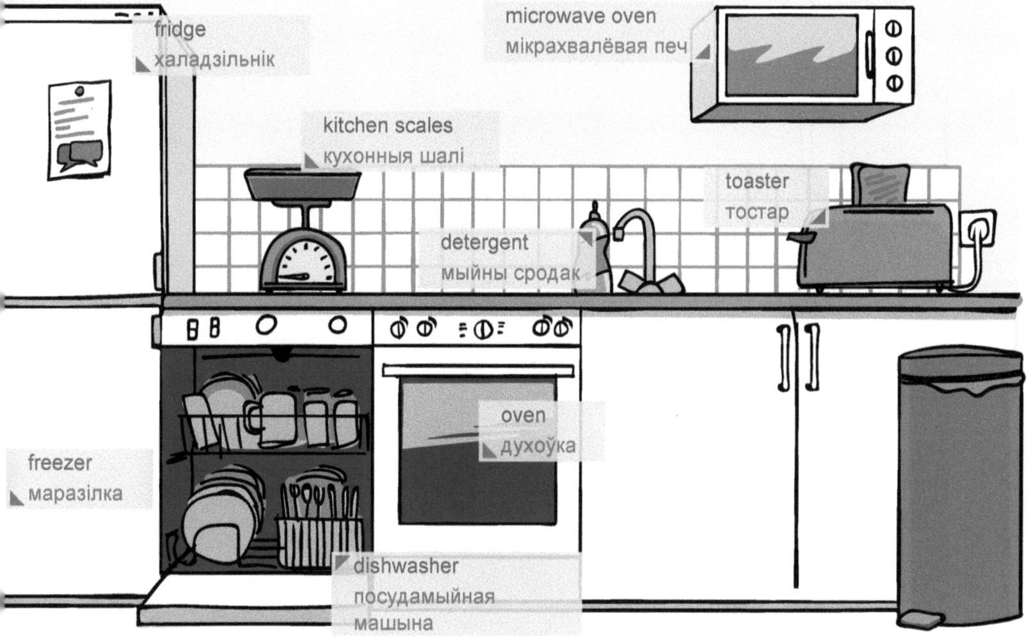
fridge
халадзільнік
microwave oven
мікрахвалёвая печ
kitchen scales
кухонныя шалі
toaster
тостар
detergent
мыйны сродак
oven
духоўка
freezer
маразілка
dishwasher
посудамыйная
машына

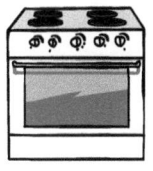

cooker

пліта

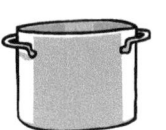

pot

рондаль

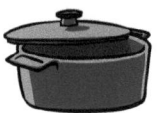

cast-iron pot

чыгунок

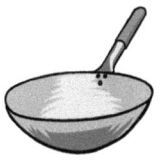

wok / kadai

Вок / кадаі

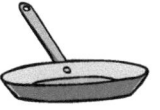

pan

патэльня

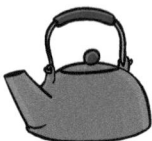

kettle

чайнік

steamer

параварка

baking tray

бляха

crockery

посуд

mug

кубак

bowl

міска

chopsticks

палачкі для ежы

ladle

чарпак

spatula

лапатачка

whisk

збівалка

strainer

сіта для варэння

sieve

сіта

grater

тарка

mortar

ступка

barbecue

грыль

open fire

вогнішча

chopping board

дошка

rolling pin

качалка

corkscrew

штопар

can

бляшанка

can opener

адкрывалка

pot holder

прыхваткі

sink

ракавіна

brush

шчотка

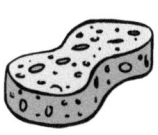

sponge

губка

blender

міксер

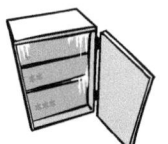

deep freezer

маразільная камера

baby bottle

бутэлечка

tap

вадаправодны кран

bathroom

ванная

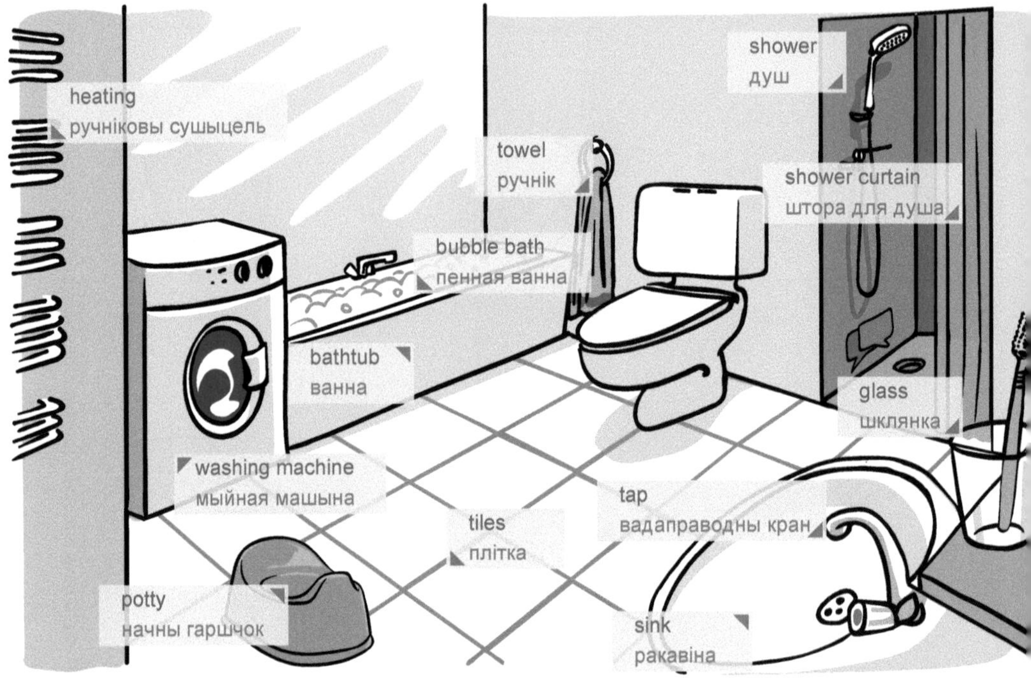
heating
ручніковы сушыцель
shower
душ
towel
ручнік
shower curtain
штора для душа
bubble bath
пенная ванна
bathtub
ванна
glass
шклянка
washing machine
мыйная машына
tap
вадаправодны кран
tiles
плітка
potty
начны гаршчок
sink
ракавіна

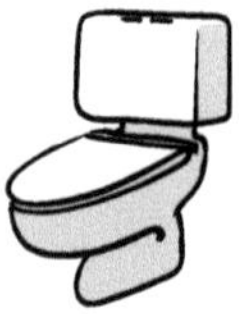

toilet

туалет

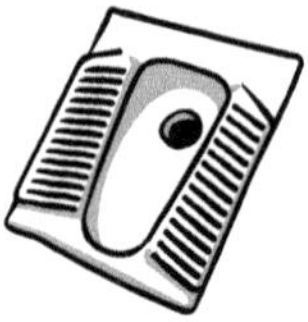

squat toilet

падлогавы ўнітаз

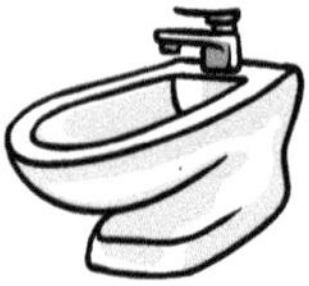

bidet

бідэ

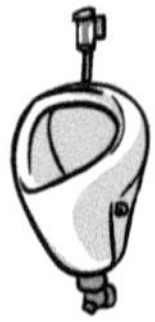

urinal

пісуар

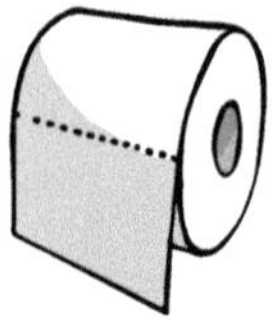

toilet paper

туалетная папера

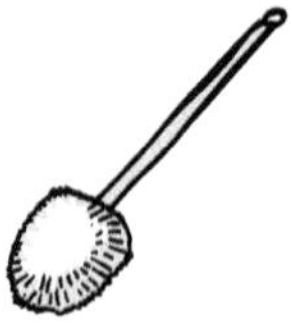

toilet brush

шчотка для чысткі ўнітаза

toothbrush

зубная шчотка

toothpaste

зубная паста

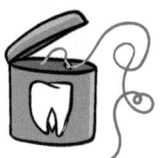

dental floss

зубная нітка

wash

мыць

handheld shower

ручны душ

douche

інтымны душ

basin

умывальнік

back brush

шчотка для спіны

soap

мыла

shower gel

гель для душа

shampoo

шампунь

flannel

вяхотка

drain

вадасцёк

cream

крэм

deodorant

дэзадарант

mirror

люстэрка

hand mirror

касметычнае люстэрка

razor

станок для галення

shaving foam

пена для галення

aftershave

ласьён пасля галення

comb

грэбень

brush

шчотка

hair dryer

фен

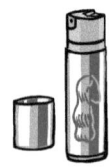

hairspray

лак для валасоў

makeup

касметыка

lipstick

памада

nail varnish

лак для пазногцяў

cotton wool

вата

nail scissors

манікюрныя нажніцы

perfume

духі

washbag

касметычка

stool

табурэтка

weighing scale

вагі

bathrobe

лазневы халат

rubber gloves

санітарныя пальчаткі

tampon

тампон

sanitary towel

гігіенічныя пракладкі

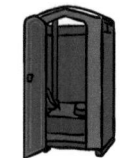

chemical toilet

біятуалет

child's room
дзіцячы пакой

alarm clock
будзільнік
cuddly toy
мяккая цацка
toy car
цацачная машынка
rattle
бразготка
doll's house
лялечны домік
present
падарунак

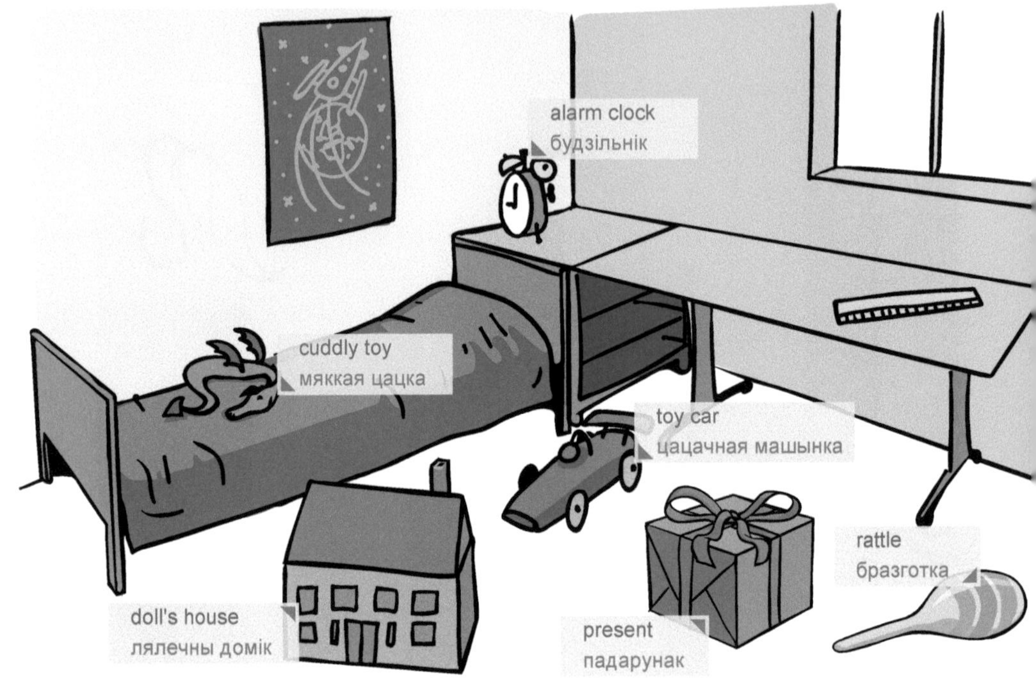

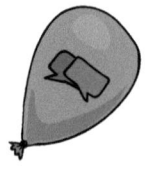

balloon

надзіманы шарык

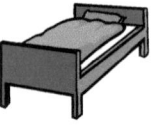

bed

ложак

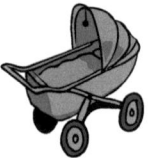

pram

дзіцячая каляска

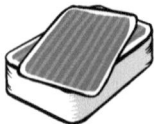

deck of cards

калода картаў

jigsaw

пазл

SUPER MEGA

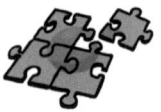

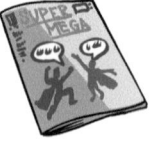

comic

комікс

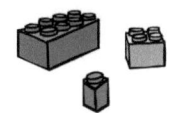

lego bricks

канструктар "Лега"

building blocks

канструктар

action figure

экшэн-фігурка

babygrow

дзіцячы гарнітур

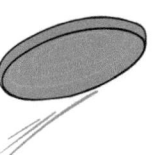

frisbee

фрызбі

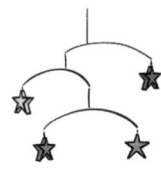

mobile

дзіцячы мабіль

board game

настольная гульня

dice

кубік

model train set

дзіцячая чыгунка

dummy

пустышка

party

дзіцячае свята

picture book

кніга з малюнкамі

ball

мячык

doll

лялька

play

гуляцца

sandpit

пясочніца

swing

арэлі

toys

цацкі

video game console

гульнявая відэа прыстаўка

tricycle

трохколавы ровар

teddy bear

плюшавы мішка

wardrobe

шафа

clothing

адзенне

socks

шкарпэткі

stockings

панчохі

tights

калготкі

scarf / шалік

umbrella / парасон

t-shirt / цішотка

belt / рамень

boots / боты

slippers / пантоплі

trainers / красоўкі

sandals
сандалі

shoes
абутак

rubber boots
гумовыя боты

underpants
трусы

bra
бюстгальтар

vest
майка

body

бодзі

trousers

штаны

jeans

джынсы

skirt

спадніца

blouse

блузка

shirt

кашуля

pullover

джэмпер

hoodie

талстоўка

blazer

блэйзер

jacket

куртка

coat

паліто

raincoat

дажджавік

costume

касцюм

dress

сукенка

wedding dress

вясельная сукенка

suit

касцюм

nightgown

начная сарочка

pyjamas

піжама

sari

сары

headscarf

хустка

turban

цюрбан

burqa

паранджа

kaftan

каптан

abaya

Абая

swimsuit

купальнік

trunks

плаўкі

shorts

шорты

tracksuit

спартыўны касцюм

apron

фартух

gloves

пальчаткі

button

гузік

glasses

акуляры

bracelet

бранзалет

necklace

каралі

ring

кальцо

earring

завушніца

cap

кепка

coat hanger

вешалка

hat

капялюш

tie

гальштук

zip

маланка

helmet

шлем

braces

падцяжкі

school uniform

школьная форма

uniform

уніформа

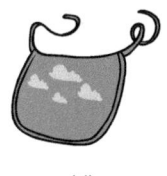

bib

нагруднік

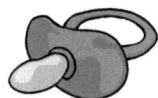

dummy

пустышка

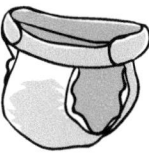

nappy

падгузнік

office

офіс

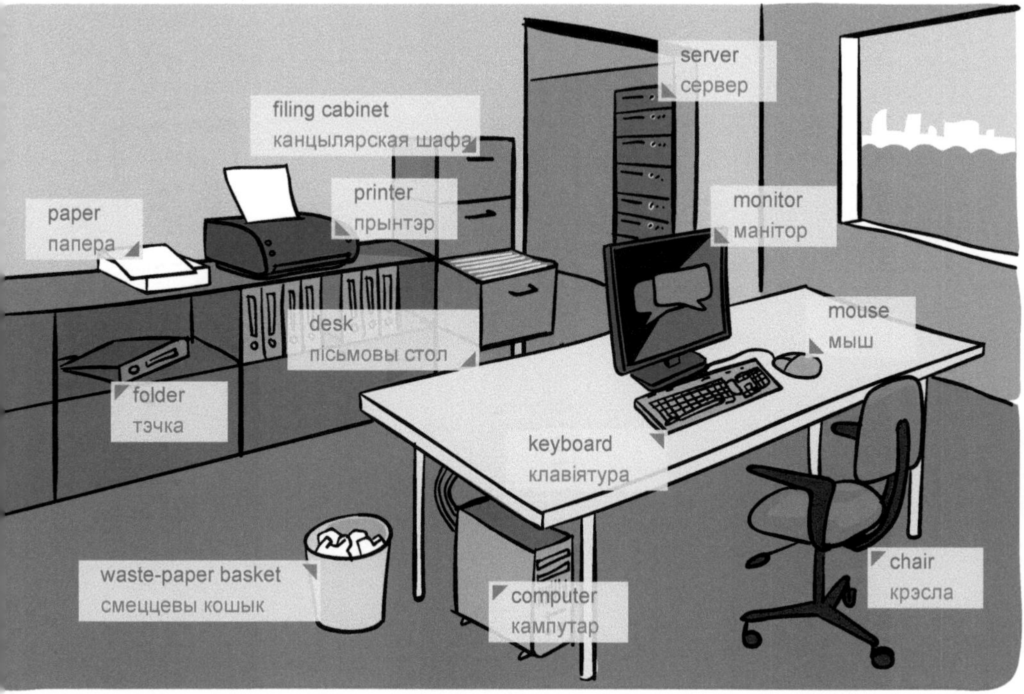
server
сервер
filing cabinet
канцылярская шафа
printer
прынтэр
paper
папера
monitor
манітор
mouse
мыш
desk
пісьмовы стол
folder
тэчка
keyboard
клавіятура
waste-paper basket
смеццевы кошык
computer
кампутар
chair
крэсла

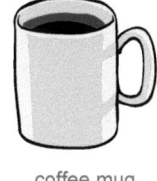

coffee mug

убак для кавы (філіжанка)

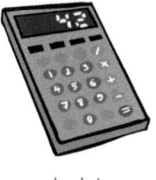

calculator

калькулятар

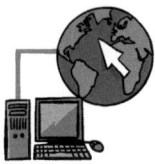

internet

інтэрнэт

laptop

ноўтбук

letter

ліст

message

паведамленне

mobile

мабільны тэлефон

network

сетка

photocopier

ксеракс

software

праграмнае забеспячэнне

telephone

тэлефон

plug socket

разетка

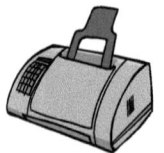

fax machine

факс

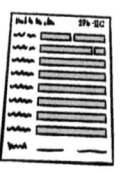

form

фармуляр

document

дакумент

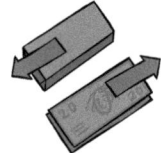

buy

купляць

pay

плаціць

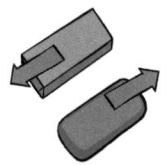

trade

гандляваць

money

грошы

**USD**

dollar

долар

EUR

euro

еўра

JPY

yen

ена

RUB

rouble

рубель

CHF

Swiss franc

франк

CNY

renminbi yuan

кітайскі юань

INR

rupee

рупія

cashpoint

банкамат

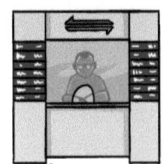

bureau de change

абменны пункт

gold

золата

silver

срэбра

oil

нафта

energy

энергія

price

цана

contract

кантракт

tax

падатак

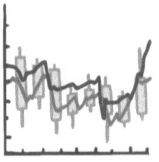

stock

акцыя

work

працаваць

employee

служачы

employer

працадаўца

factory

фабрыка

shop

крама

police officer
паліцыянт

fireman
пажарны

pilot
пілот

cook
кухар

doctor
доктар

gardener

садоўнік

carpenter

слесар

seamstress

швачка

judge

суддзя

chemist

хімік

actor

артыст

bus driver

кіроўца аўтобуса

taxi driver

таксіст

fisherman

рыбак

cleaning lady

прыбіральшчыца

roofer

страхар

waiter

афіцыянт

hunter

паляўнічы

painter

мастак

baker

пекар

electrician

электрык

builder

будаўнік

engineer

інжынер

butcher

мяснік

plumber

сантэхнік

postman

паштальён

soldier

салдат

architect

архітэктар

cashier

касір

florist

флярыст

hairdresser

цырульнік

conductor

кандуктар

mechanic

механік

captain

капітан

dentist

стаматолаг

scientist

вучоны

rabbi

рабін

imam

імам

monk

манах

clergyman

святар

tools

інструменты

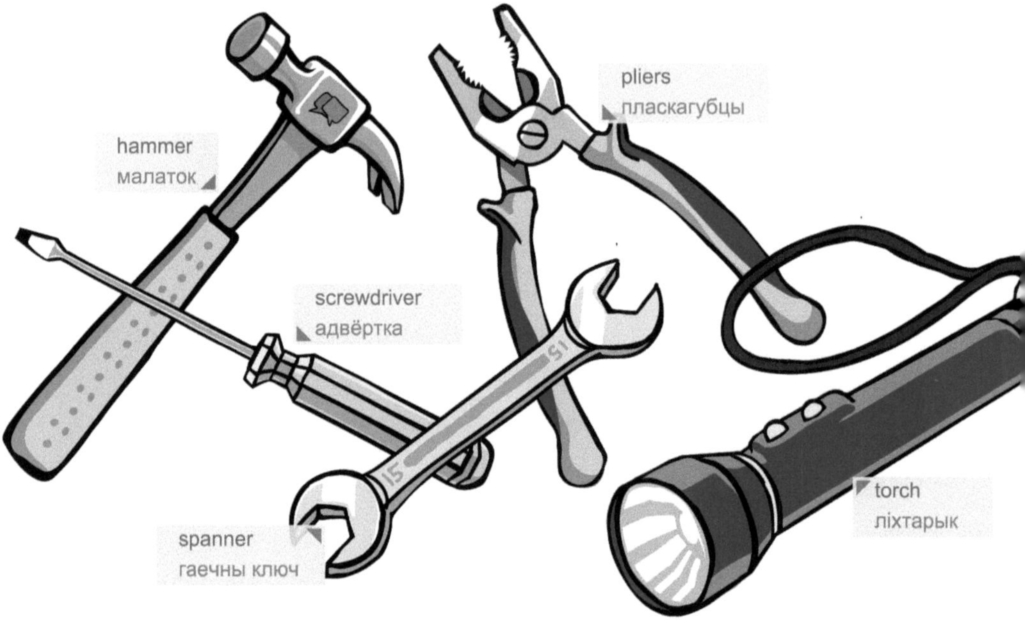
hammer
малаток
pliers
плаcard
screwdriver
адвёртка
spanner
гаечны ключ
torch
ліхтарык

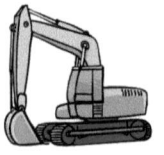

digger

экскаватар

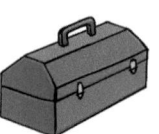

toolbox

скрыня для інструментаў

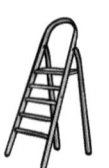

ladder

дравіны

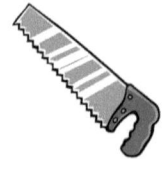

saw

піла

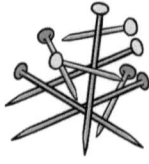

nails

цвікі

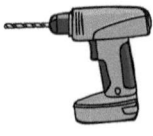

drill

дрыль

repair

рамантаваць

shovel

рыдлеўка

Damn!

Халера!

dustpan

шуфлік для смецця

paint pot

вядро з фарбаю

screws

балты

musical instruments
музычныя інструменты

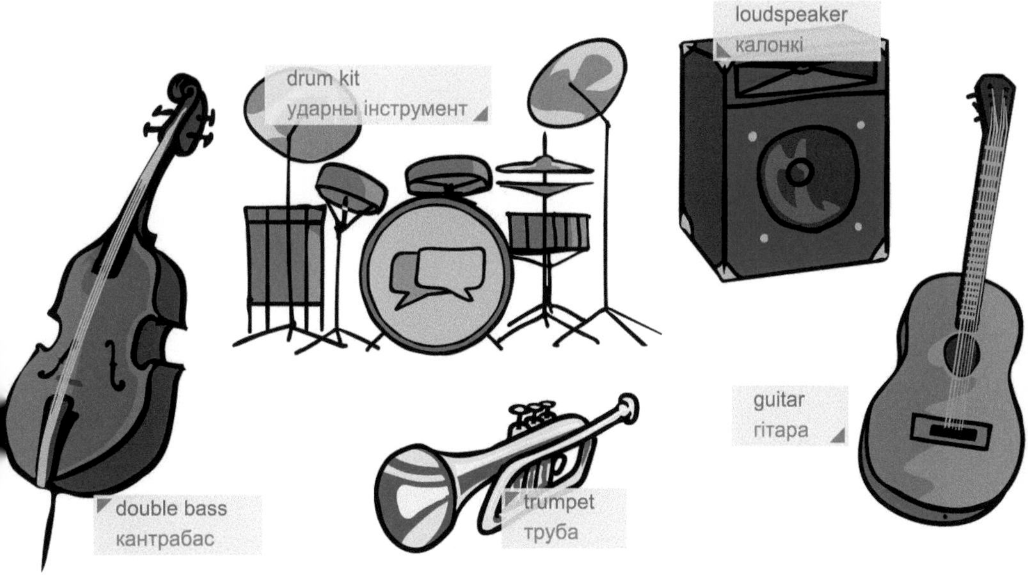

loudspeaker
калонкі

drum kit
ударны інструмент

double bass
кантрабас

trumpet
труба

guitar
гітара

piano

піяніна

violin

скрыпка

bass

басгітара

timpani

літаўры

drums

барабан

keyboard

клавішны электрамузычны
інструмент

saxophone

саксафон

flute

флейта

microphone

мікрафон

zoo
заапарк

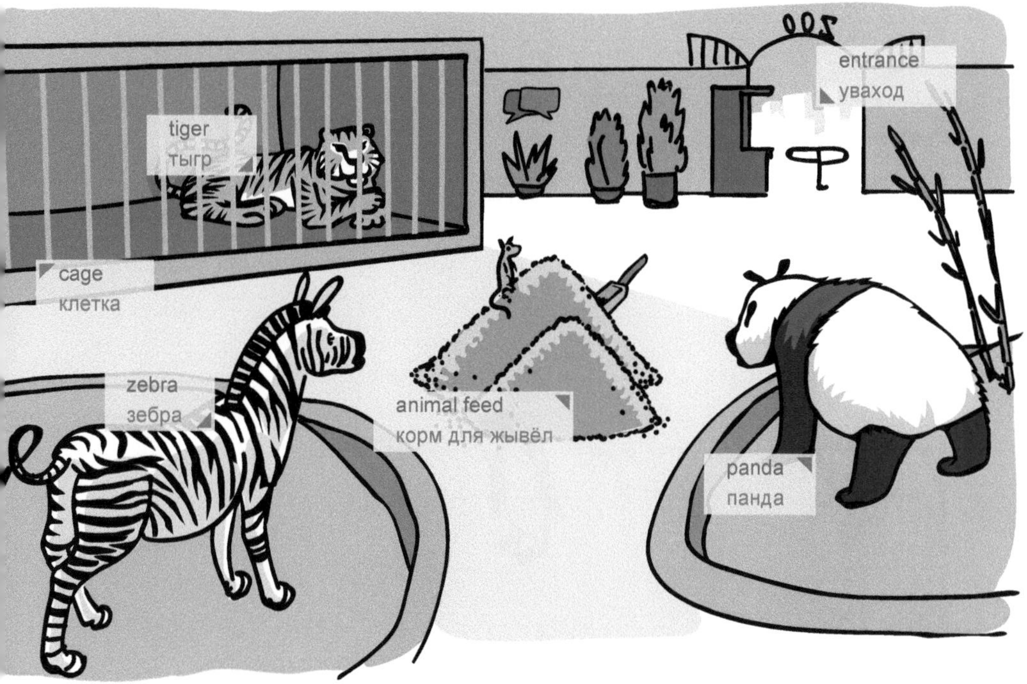
tiger
тыгр
entrance
уваход
cage
клетка
zebra
зебра
animal feed
корм для жывёл
panda
панда

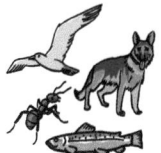

animals
жывёлы

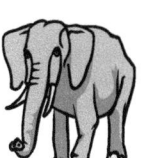

elephant
слон

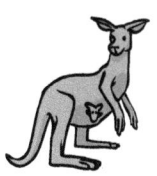

kangaroo
кенгуру

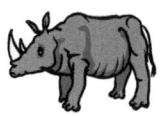

rhino
насарог

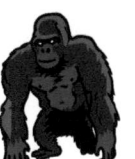

gorilla
гарыла

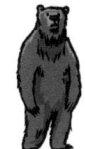

bear
мядзведзь

camel

вярблюд

ostrich

стравус

lion

леў

monkey

малпа

flamingo

фламінга

parrot

папугай

polar bear

белы мядзведзь

penguin

пінгвін

shark

акула

peacock

паўлін

snake

змяя

crocodile

кракадзіл

zookeeper

наглядчык заапарка

seal

цюлень

jaguar

ягуар

zoo - заапарк

pony

поні

leopard

леапард

hippo

бегемот

giraffe

жыраф

eagle

арол

boar

дзік

fish

рыбак

turtle

чарапаха

walrus

морж

fox

ліса

gazelle

газель

American football
амерыканскі футбол

cycling
веласпорт

tennis
тэніс

basketball
баскетбол

swimming
плаванне

ice hockey
хакей з шайбай

boxing
бокс

football
футбол

badminton
бадмінтон

athletics
лёгкая атлетыка

handball
гандбол

skiing
горныя лыжы

polo
пола

activities
дзейнасць

jump
скакаць
hug
абдымаць
laugh
смяяцца
walk
ісці
sing
спяваць
dream
марыць
pray
маліцца
kiss
цалаваць

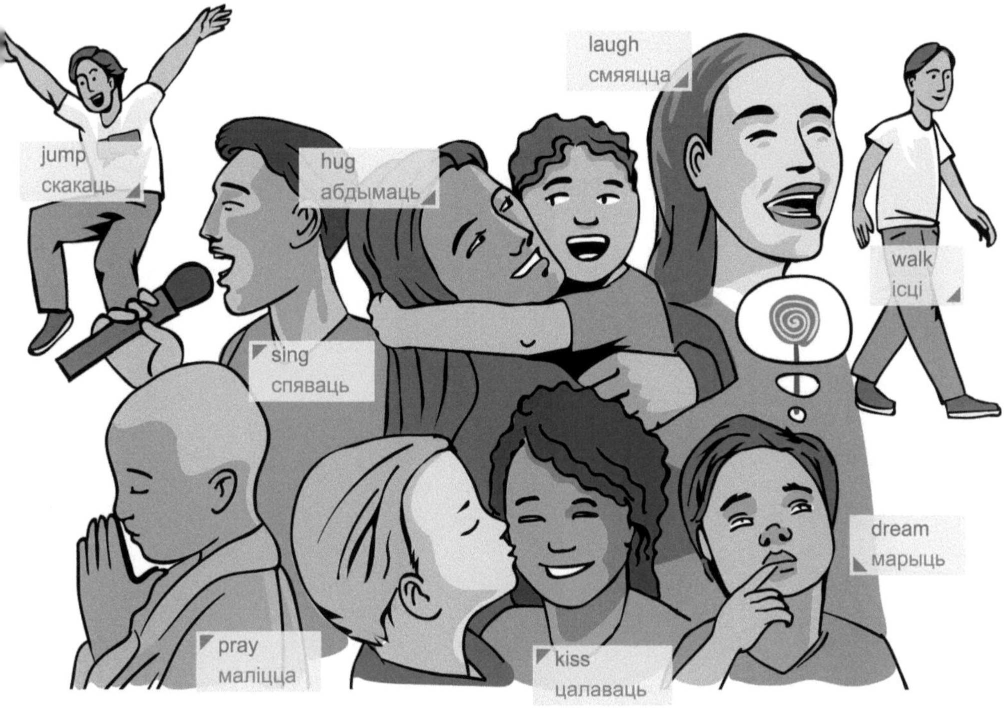

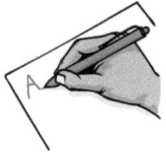

write
пісаць

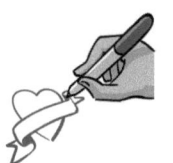

draw
маляваць

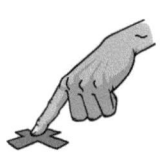

show
паказваць

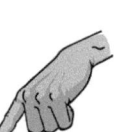

push
націснуць

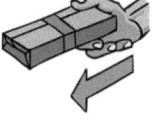

give
даваць

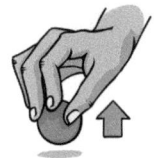

take
браць

have

маць

do

выконваць

be

быць

stand

стаяць

run

бегчы

pull

цягнуць

throw

кідаць

fall

падаць

lie

ляжаць

wait

чакаць

carry

насіць

sit

сядзець

get dressed

апранацца

sleep

спаць

wake up

прачынацца

look at

глядзець

cry

плакаць

stroke

лашчыць

comb

прычэсвацца

talk

гаварыць

understand

разумець

ask

пытаць

listen

чуць

drink

піць

eat

есці

tidy up

прыбіраць

love

кахаць

cook

гатаваць

drive

ехаць

fly

лятаць

sail

плаваць пад ветразем

calculate

лічыць

read

чытаць

learn

вучыць

work

працаваць

marry

уступаць у шлюб

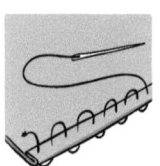

sew

шыць

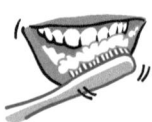

brush teeth

чысціць зубы

kill

забіваць

smoke

курыць

send

пасылаць

family

сям'я

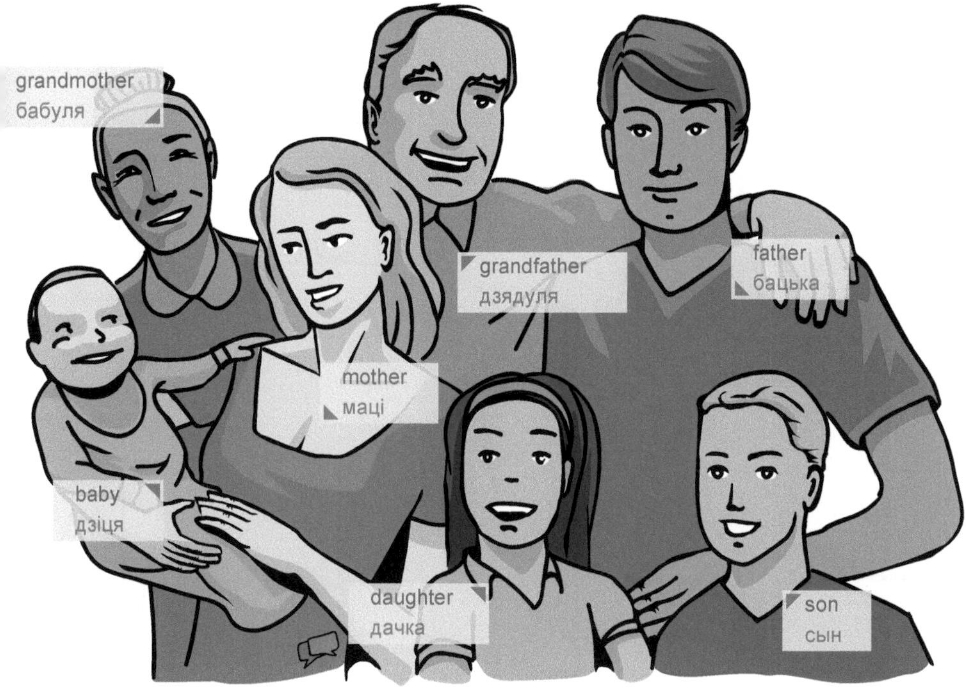
grandmother
бабуля
grandfather
дзядуля
father
бацька
mother
маці
baby
дзіця
daughter
дачка
son
сын

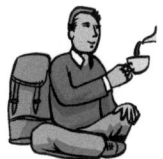

guest

госць

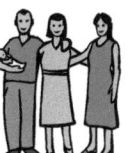

aunt

цётка

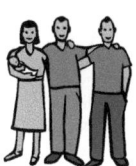

uncle

дзядзька

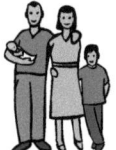

brother

брат

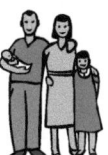

sister

сястра

body
цела

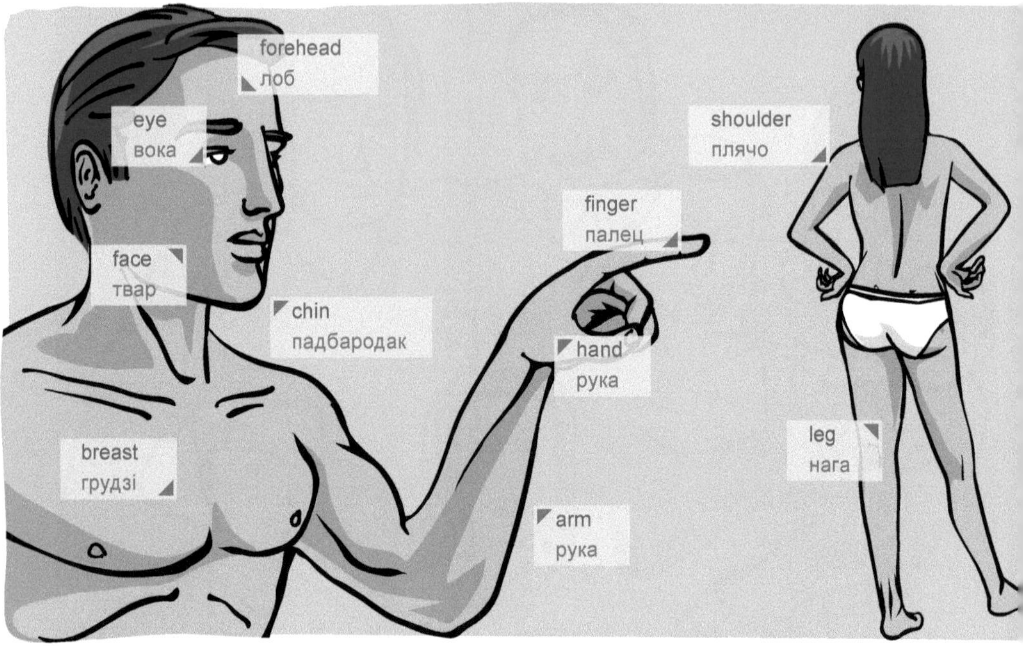

forehead
лоб

eye
вока

shoulder
плячо

finger
палец

face
твар

chin
падбародак

hand
рука

breast
грудзі

leg
нага

arm
рука

baby

дзіця

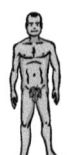

man

мужчына

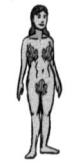

woman

жанчына

girl

дзяўчынка

boy

хлопчык

head

галава

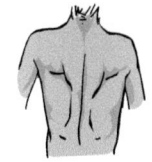

back

спіна

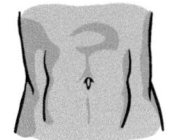

belly

жывот

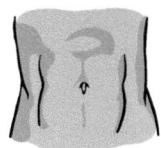

belly button

пуп

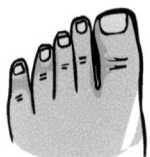

toe

палец нагі

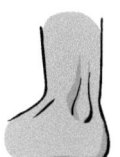

heel

пятка

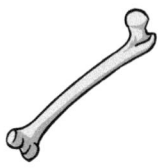

bone

костка

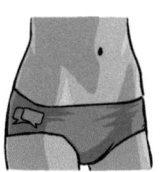

hip

бядро

knee

калена

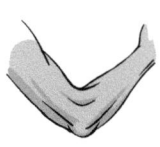

elbow

локаць

nose

нос

bottom

ягадзіца

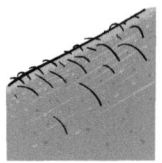

skin

скура

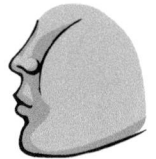

cheek

шчака

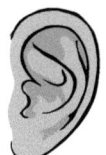

ear

вуха

lip

губа

mouth

рот

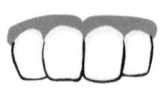

tooth

зуб

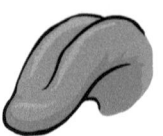

tongue

язык

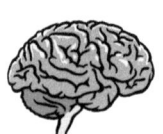

brain

галаўны мозг

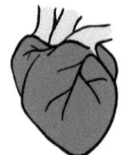

heart

сэрца

muscle

мышца

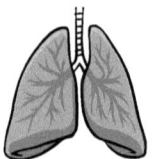

lung

лёгкае

liver

пячонка

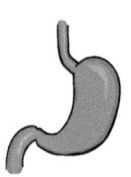

stomach

страўнік

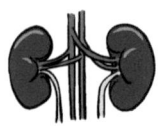

kidneys

ныркі

sex

сэкс

condom

прэзерватыў

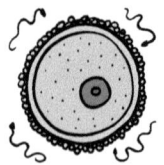

ovum

яйцаклетка

semen

сперма

pregnancy

цяжарнасць

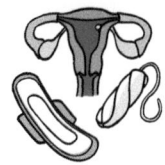

menstruation

менструацыя

vagina

похва

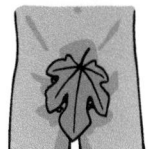

penis

пеніс

eyebrow

брыво

hair

валасы

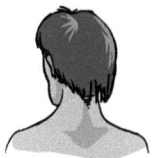

neck

шыя

hospital

шпіталь

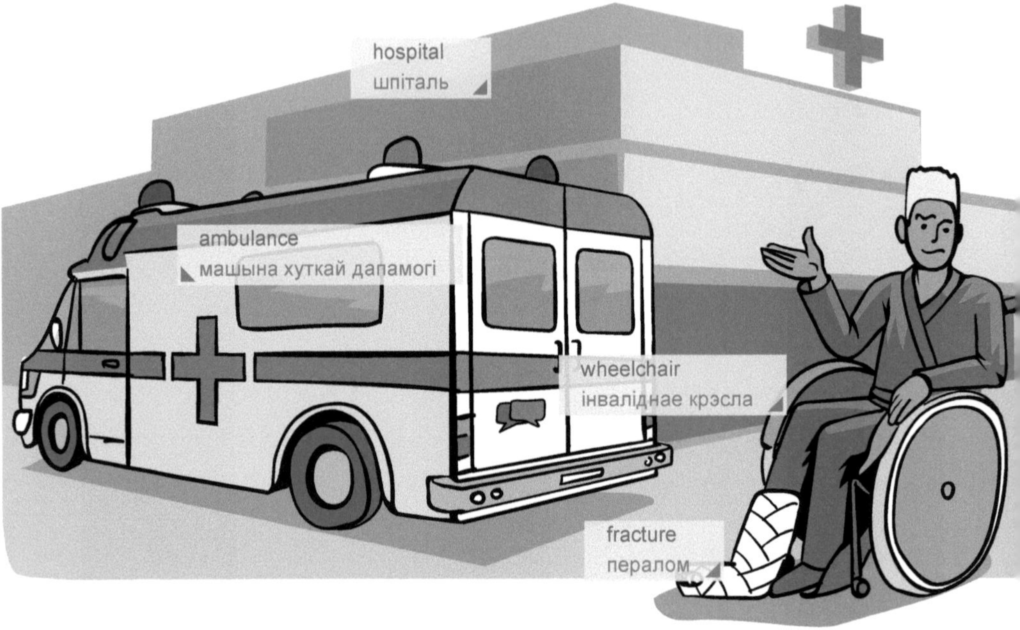

hospital
шпіталь
ambulance
машына хуткай дапамогі
wheelchair
інваліднае крэсла
fracture
пералом

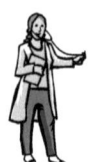

doctor

доктар

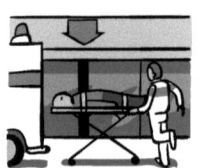

emergency room

аддзяленне першай дапамогі

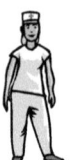

nurse

медсястра

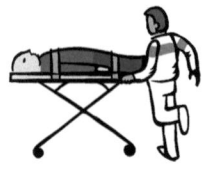

emergency

экстраная дапамога

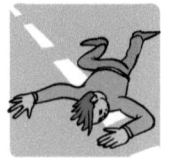

unconscious

непрытомны

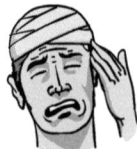

pain

боль

injury

траўма

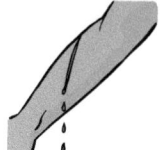

bleeding

крывацёк

heart attack

інфаркт

stroke

апаплексія

allergy

алергія

cough

кашаль

fever

гарачка

flu

грып

diarrhoea

панос

headache

галаўны боль

cancer

рак

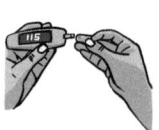

diabetes

дыябет

surgeon

хірург

scalpel

скальпель

operation

аперацыя

CT

КТ

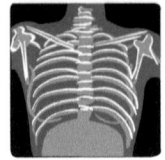

x-ray

рэнтген

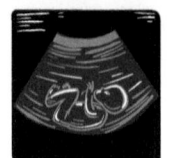

ultrasound

ультрагук

face mask

маска

disease

хвароба

waiting room

пачакальня

crutch

мыліца

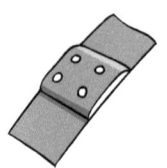

plaster

пластыр

bandage

бінт

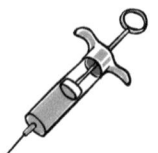

injection

ін'екцыя

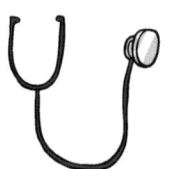

stethoscope

стэтаскоп

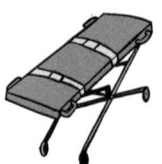

stretcher

насілкі

clinical thermometer

градуснік

birth

нараджэнне

overweight

лішняя вага

hospital - шпіталь

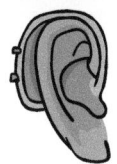

hearing aid

слухавы апарат

disinfectant

дэзінфекцыйны сродак

infection

інфекцыя

virus

вірус

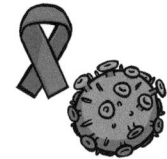

HIV / AIDS

ВІЧ/СНІД

medicine

лекі

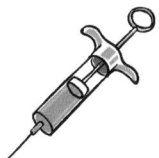

vaccination

прышчэпка

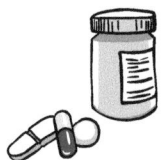

tablets

таблеткі

pill

супрацьзачаткавая
таблетка

emergency call

экстраны выклік

blood pressure monitor

танометр

ill / healthy

хворы / здаровы

Help!
Ратуйце!

alarm
сігналізацыя

assault
напад

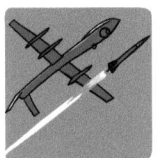

attack
атака

danger
небяспека

emergency exit
аварыйны выхад

Fire!
Пажар!

fire extinguisher
вогнетушыцель

accident
аварыя

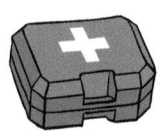

first-aid kit
аптэчка

SOS
СОС

police
паліцыя

Europe

Еўропа

North America

Паўночная Амерыка

South America

Паўднёвая Амерыка

Africa

Афрыка

Asia

Азія

Australia

Аўстралія

Atlantic

Атлантычны акіян

Pacific

Ціхі акіян

Indian Ocean

Індыйскі акіян

Antarctic Ocean

Паўднёвы ледавіты акіян

Arctic Ocean

Паўночны ледавіты акіян

North Pole

Паўночны полюс

South Pole

Паўднёвы полюс

Antarctica

Антарктыда

Earth

Зямля

land

краіна

sea

мора

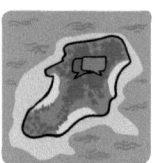

island

востраў

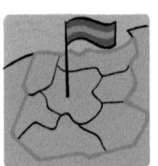

nation

нацыя

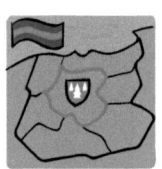

state

дзяржава

clock face

цыферблат

hour hand

гадзінная стрэлка

minute hand

хвілінная стрэлка

second hand

секундная стрэлка

What time is it?

Колькі часу?

day

дзень

time

час

now

зараз

digital watch

электронны гадзіннік

minute

хвіліна

hour

гадзіна

week

тыдзень

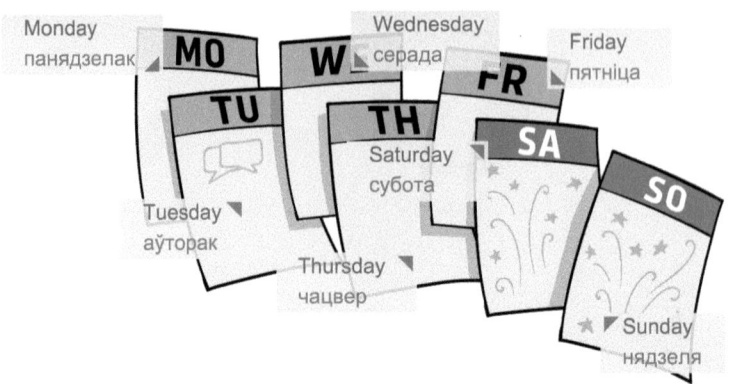

Monday
панядзелак

Tuesday
аўторак

Wednesday
серада

Thursday
чацвер

Friday
пятніца

Saturday
субота

Sunday
нядзеля

yesterday

ўчора

today

сёння

tomorrow

заўтра

morning

раніца

noon

абед

evening

вечар

business days

працоўныя дні

weekend

выхадныя

year

год

rain
дождж
spring
вясна
summer
лета
wind
вецер
autumn
восень
snow
снег
winter
зіма

4.APRIL 11°
5.APRIL 4°
6.APRIL 13°
7.APRIL 8°
8.APRIL 10°

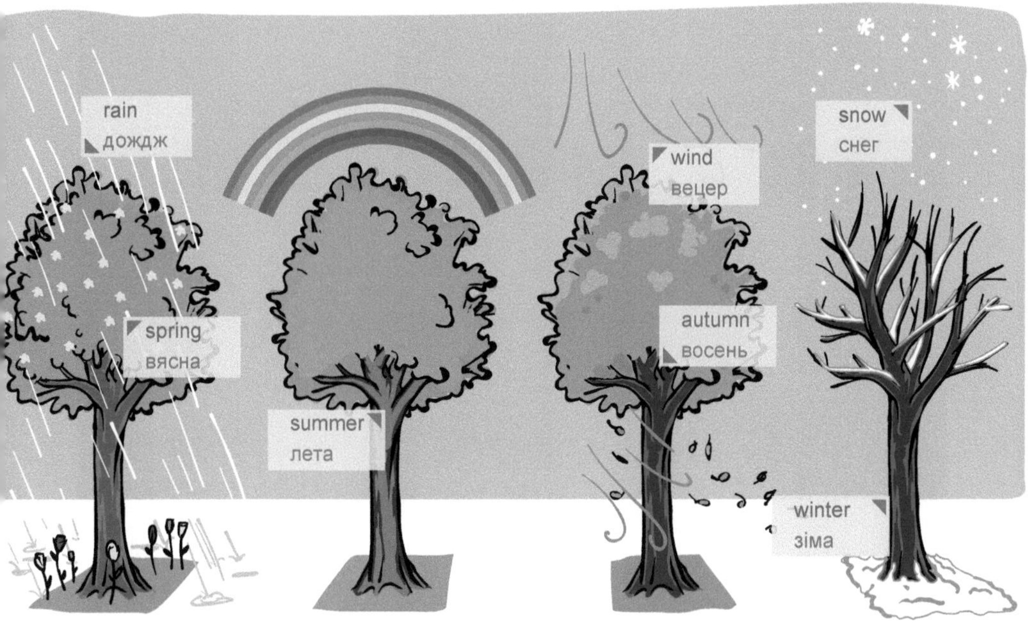

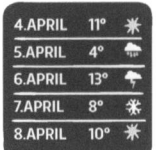

weather forecast

прагноз надвор'я

F
C
120
90
60
30
0
-30
40
30
20
10
0
-10
-20

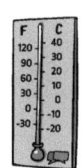

thermometer

градуснік

sunshine

сонечнае святло

cloud

воблака

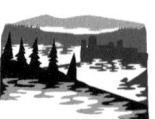

fog

туман

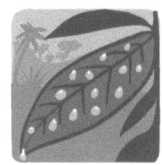

humidity

вільготнасць паветра

lightning

маланка

thunder

гром

storm

бура

hail

град

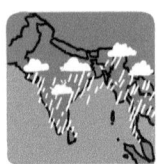

monsoon

мусонны вецер

flood

прыліў

ice

лёд

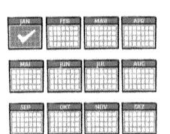

January

студзень

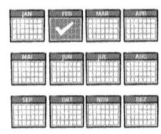

February

люты

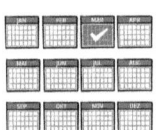

March

сакавік

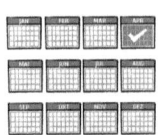

April

красавік

May

май

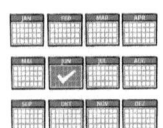

June

чэрвень

July

ліпень

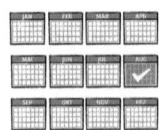

August

жнівень

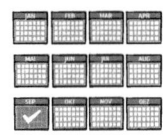

September
....
верасень

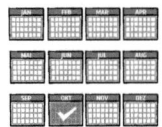

October
....
кастрычнік

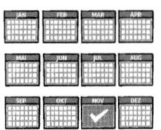

November
....
лістапад

December
....
снежань

shapes
формы

circle
....
круг

square
....
квадрат

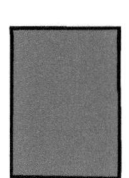

rectangle
....
прамавугольнік

triangle
....
трохвугольнік

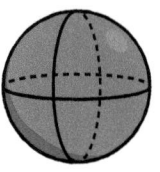

sphere
....
шар

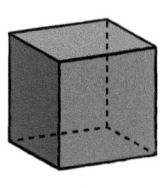

cube
....
куб

white
....
белы

yellow
....
жоўты

orange
....
аранжавы

pink
....
ружовы

red
....
чырвоны

purple
....
фіялетавы

blue
....
сіні

green
....
зялёны

brown
....
карычневы

grey
....
шэры

black
....
чорны

a lot / a little

шмат / мала

angry / calm

злы / добры

beautiful / ugly

прыгожы / брыдкі

beginning / end

пачатак / канец

big / small

высокі / малы

bright / dark

светлы / цёмны

brother / sister

сястра / брат

clean / dirty

чысты / брудны

complete / incomplete

поўны / няпоўны

day / night

дзень / ноч

dead / alive

мёртвы / жывы

wide / narrow

шырокі / вузкі

edible / inedible

ядомы / неядомы

evil / kind

злы / добры

excited / bored

узбуджаны / нудны

fat / thin

тоўсты / тонкі

first / last

першы / апошні

friend / enemy

сябар / вораг

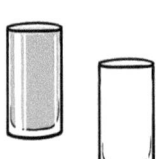

full / empty

поўны / пусты

hard / soft

цвёрды / мяккі

heavy / light

важкі / лёгкі

hunger / thirst

голад / смага

ill / healthy

хворы / здаровы

illegal / legal

нелегальны / легальны

intelligent / stupid

разумны / дурны

left / right

левы / правы

near / far

побач / далёка

new / used

новы / былы ва ўжыванні

nothing / something

нічога / нешта

old / young

стары / малады

on / off

укл / выкл

open / closed

адчынены / зачынены

quiet / loud

ціхі / гучны

rich / poor

багаты / бедны

right / wrong

правільна / няправільна

rough / smooth

шурпаты / гладкі

sad / happy

сумны / шчаслівы

short / long

кароткі / доўгі

slow / fast

павольны / хуткі

wet / dry

вільготны / сухі

warm / cool

цёплы / халаднаваты

war / peace

вайна / мір

лічбы

0

zero

нуль

1

one

адзін

2

two

два

3

three

тры

4

four

чатыры

5

five

пяць

6

six

шэсць

7

seven

сем

8

eight

восем

9

nine

дзевяць

10

ten

дзесяць

11

eleven

адзінаццаць

12

twelve

дванаццаць

13

thirteen

трынаццаць

14

fourteen

чатырнаццаць

15

fifteen

пятнаццаць

16

sixteen

шаснаццаць

17

seventeen

сямнаццаць

18

eighteen

васямнаццаць

19

nineteen

дзевятнаццаць

20

twenty

дваццаць

100

hundred

сто

1.000

thousand

тысяча

1.000.000

million

мільён

English

англійская

American English

англійская (Амерыка)

Chinese Mandarin

кітайская мандарынская

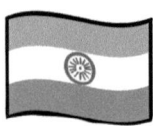

Hindi

хіндзі

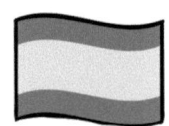

Spanish

іспанская

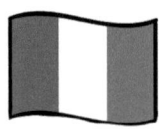

French

французская

Arabic

арабская

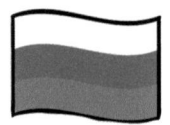

Russian

руская

Portuguese

партугальская

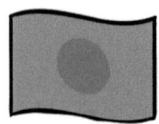

Bengali

бенгальская

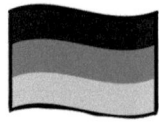

German

нямецкая

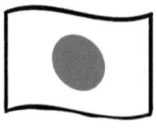

Japanese

японская

I

я

you

ты

he / she / it

ён / яна / яно

we

мы

you

вы

they

яны

who?

хто?

what?

што?

how?

як?

where?

дзе?

when?

калі?

name

імя

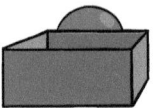

behind

за

in

у

in front of

перад

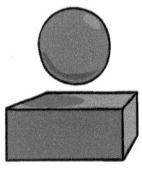

over

над

on

на

under

пад

beside

каля

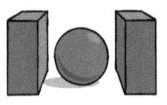

between

паміж

place

месца